CAPÍTULOS DE LA BIBLIA PARA NIÑOS

La Parabla de Dios

A Dios le agrada que obedezca Sus palabras y dedique tiempo a orar.

«Tú bendices a los que van por buen camino, a los que de todo corazón siguen Tus enseñanzas».

(Versículo 2)

Leo y atesoro la
Palabra de Dios.
Al estudiarla, aprendo
a obrar bien.

«En mi corazón atesoro
tus dichos para no
pecar contra Ti».
(Versículo 11)

Cuando leo la palabra de Dios, me tomo el tiempo para pensar en lo que leo. Así, me queda claro lo que debo hacer.

«Presto atención a Tus enseñanzas y respeto Tus caminos».

(Versículo 15)

Me encanta leer la Palabra de Dios y me esfuerzo por practicarla todos los días.

«Me deleitaré en Tus estatutos: no me olvidaré de Tu Palabra».

(Versículo 16)

Querido Dios, ayúdame a ver claramente la sabiduría y las maravillas contenidas en Tu Palabra.

«Abre mis ojos y contemplaré las maravillas de Tu ley».

(Versículo 18)

La Palabra de Dios está llena de buenos consejos que me dan mucha alegría y felicidad.

«Tus testimonios me hacen feliz y me dan buenos consejos».
(Versículo 24)

Querido Dios, ayúdame a entender lo que leo en Tu Palabra, para así poder esforzarme por obedecerla.

«Aclara mi entendimiento, y seguiré de todo corazón Tus mandamientos».

(Versículo 34)

La Palabra de Dios me ayuda a pensar más en los demás, en vez de en mis propios deseos.

«Pon en mi corazón el deseo de cumplir con Tus requisitos, y no de satisfacer mis deseos egoístas».

(Versículo 36)

Cuando desobedezco, las cosas no me salen bien. He aprendido de mis errores y ahora sigo Tu Palabra.

«Antes de sufrir anduve descarriado pero ahora obedezco Tu Palabra».

(Versículo 67)

Dios es eterno, y también lo es Su Palabra. Puedo confiar para siempre en ella.

«Para siempre, oh Señor, Tu palabra está firme en los cielos».
(Versículo 89)

Me encanta leer
la Palabra de Dios.
Pienso mucho en ella
durante el día.

«¡Cuánto amo Tu ley! Todo el día es ella mi meditación».

(Versículo 97)

La Palabra de Dios es para mí un dulce consuelo. Puede ser más agradable aun que unos ricos caramelos!

«¡Cuán dulces son a mi paladar Tus palabras! Sí, más que la miel a mi boca».
(Versículo 103)

Cuando dedico mucho tiempo a leer la Palabra de Dios, me siento en paz y nada me altera.

«Los que aman tu palabra disfrutan de mucha paz y no sufren ningún tropiezo».
(Versículo 165)

 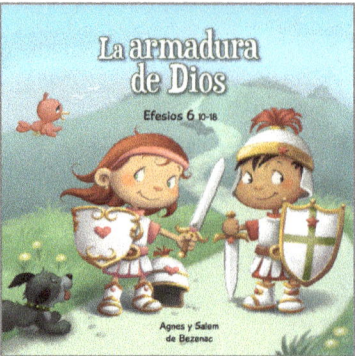

No te pierdas la colección

 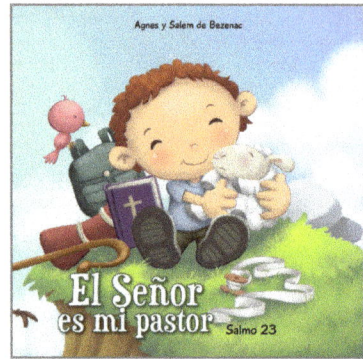  

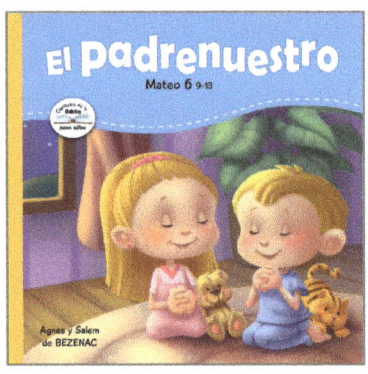   

Publicado por iCharacter Ltd. (Irlanda)
Creado por Agnes de Bezenac
Ilustrado por Agnes de Bezenac
Coloreado por Fiona P., Henny Y.
Traducción: Quiti Vera
Versión de la Biblia utilizada: Adaptación de RVA.

www.iCharacter.org

Copyright © 2014. Todos los derechos reservados. Ninguna parte de este libro puede ser reproducida en ninguna forma, ni por ningún medio electrónico o mecánico, incluyendo sistemas de información y recuperación de la información, sin permiso del autor, excepto para reseña de libros, en las que se pueden citar breves pasajes.